AF064563

מחזור זה מיועד לילדים צעירים ומובאים בו רק קטעים מן התפילה
כדי להתרגל ולהתקרב לתפילת יום הכיפורים.

This *machzor* (holiday prayer book) is intended for young children and only extracts of the prayers have been used here in order to accustom them to the liturgy of Yom Kippur and draw them into it.

YOM KIPPUR CHILDREN'S MACHZOR

מחזור יום הכיפורים לילדים

נעם צימרמן
Noam Zimmerman

GEFEN PUBLISHING HOUSE

Copyright © Gefen Publishing House, Ltd.
Jerusalem 2006/5766

All rights reserved. No part of this publication may be translated,
reproduced, stored in a retrieval system or transmitted, in any form
or by any means, electronic, mechanical, photocopying, recording or
otherwise, without express written permission from the publishers.

The illustrations and the text are taken from the Machzor HaMikdash for Yom Kippur.
Courtesy of Machon HaMikdash – Yerushalayim.

English translation based on High Holyday Prayer Book
(Hebrew Publishing Company, New York, 1951)

Image Design: Noam Zimmerman
Graphic Design & Typesetting: AM Studio

ISBN 965-229-362-8

2 4 6 8 9 7 5 3 1

Gefen Publishing House, Ltd.
6 Hatzvi St.
Jerusalem 94386, Israel
972-2-538-0247
orders@gefenpublishing.com

Gefen Books
600 Broadway
Lynbrook, NY 11563, USA
516-593-1234
orders@gefenpublishing.com

www.israelboooks.com

Printed in Israel

Send for our free catalogue

תוכן העניינים
CONTENTS

Evening Prayer	4	תפילת ערבית
Morning Prayer	12	תפילת שחרית
Additional Holiday Prayer	22	תפילת מוסף
Afternoon Prayer	52	תפילת מנחה
Ne'ila (Concluding) Prayer	54	תפילת נעילה

תפילת ערבית

כָּל נִדְרֵי

וְנִסְלַח לְכָל עֲדַת בְּנֵי יִשְׂרָאֵל וְלַגֵּר הַגָּר בְּתוֹכָם, כִּי לְכָל הָעָם בִּשְׁגָגָה:
סְלַח נָא לַעֲוֹן הָעָם הַזֶּה כְּגֹדֶל חַסְדֶּךָ,
וְכַאֲשֶׁר נָשָׂאתָה לָעָם הַזֶּה מִמִּצְרַיִם וְעַד הֵנָּה. וְשָׁם נֶאֱמַר:
וַיֹּאמֶר יְיָ סָלַחְתִּי כִּדְבָרֶךָ.

Evening Prayer

Kol Nidrei

May all the people of Israel be forgiven, including all the strangers who live in their midst, for all the people are at fault.

Please forgive the iniquities of this people, according to Your abundant kindness, even as You have forgiven this people ever since they left Egypt.

The Lord said: "I pardon them as you have asked."

אָשַׁמְנוּ, בָּגַדְנוּ, גָּזַלְנוּ, דִּבַּרְנוּ דֹּפִי.
הֶעֱוִינוּ, הִרְשַׁעְנוּ, זַדְנוּ, חָמַסְנוּ, טָפַלְנוּ שֶׁקֶר.

We have acted treasonably, aggressively and slanderously.
We have acted brazenly, viciously and fraudulently.

לְמַעַנְךָ אֱלֹהֵינוּ עֲשֵׂה וְלֹא לָנוּ, רְאֵה עֲמִידָתֵנוּ דַּלִּים וְרֵקִים.
תַּעֲלֶה אֲרוּכָה לְעָלֶה נִדָּף,
תְּנַחֵם עַל עָפָר וָאֵפֶר.

Our God, act for Your own sake, not ours;

look at our condition, how low and destitute we are.

Bring healing to a drifted leaf;

have compassion on man who is mere dust and ashes.

כִּי הִנֵּה כַּהֲגֶה בְּיַד הַמַּלָּח,
בִּרְצוֹתוֹ אוֹחֵז וּבִרְצוֹתוֹ שִׁלַּח,

כֵּן אֲנַחְנוּ בְּיָדְךָ אֵל טוֹב וְסַלָּח,
לַבְּרִית הַבֵּט וְאַל תֵּפֶן לַיֵּצֶר.

As helm in the hand of the seaman,
who handles or abandons it at will,

so are we in Your hand, gracious God;
heed Your pact, heed not the Accuser.

תפילת שחרית

הוֹדוּ לַיְיָ בְּכִנּוֹר, בְּנֵבֶל עָשׂוֹר זַמְּרוּ לוֹ:
שִׁירוּ לוֹ שִׁיר חָדָשׁ הֵיטִיבוּ נַגֵּן בִּתְרוּעָה.

Morning Prayer

Extol the Lord **with a harp**; sing to Him **with a ten-string lyre:**
Sing to Him a new song; skillfully play sounds of jubilation.

אָנוּ נַחֲלָתֶךָ, וְאַתָּה גוֹרָלֵנוּ;

אָנוּ צֹאנֶךָ, וְאַתָּה רוֹעֵנוּ;

אָנוּ כַרְמֶךָ, וְאַתָּה נוֹטְרֵנוּ;

אָנוּ פְעֻלָּתֶךָ, וְאַתָּה יוֹצְרֵנוּ;

אָנוּ רַעְיָתֶךָ, וְאַתָּה דוֹדֵנוּ.

We are Your Congregation and You are our Destiny;

we are Your sheep and You are our Shepherd;

we are Your vineyard and You are our Watchman;

we are Your work and You are our Creator;

we are Your faithful and You are our Beloved.

אָבִינוּ מַלְכֵּנוּ, חָטָאנוּ לְפָנֶיךָ.

אָבִינוּ מַלְכֵּנוּ, קְרַע רוֹעַ גְּזַר דִּינֵנוּ.

Our Father, our King, we have sinned before You.

Our Father, our King,
tear up the evil sentence decreed against us.

גזר
דין

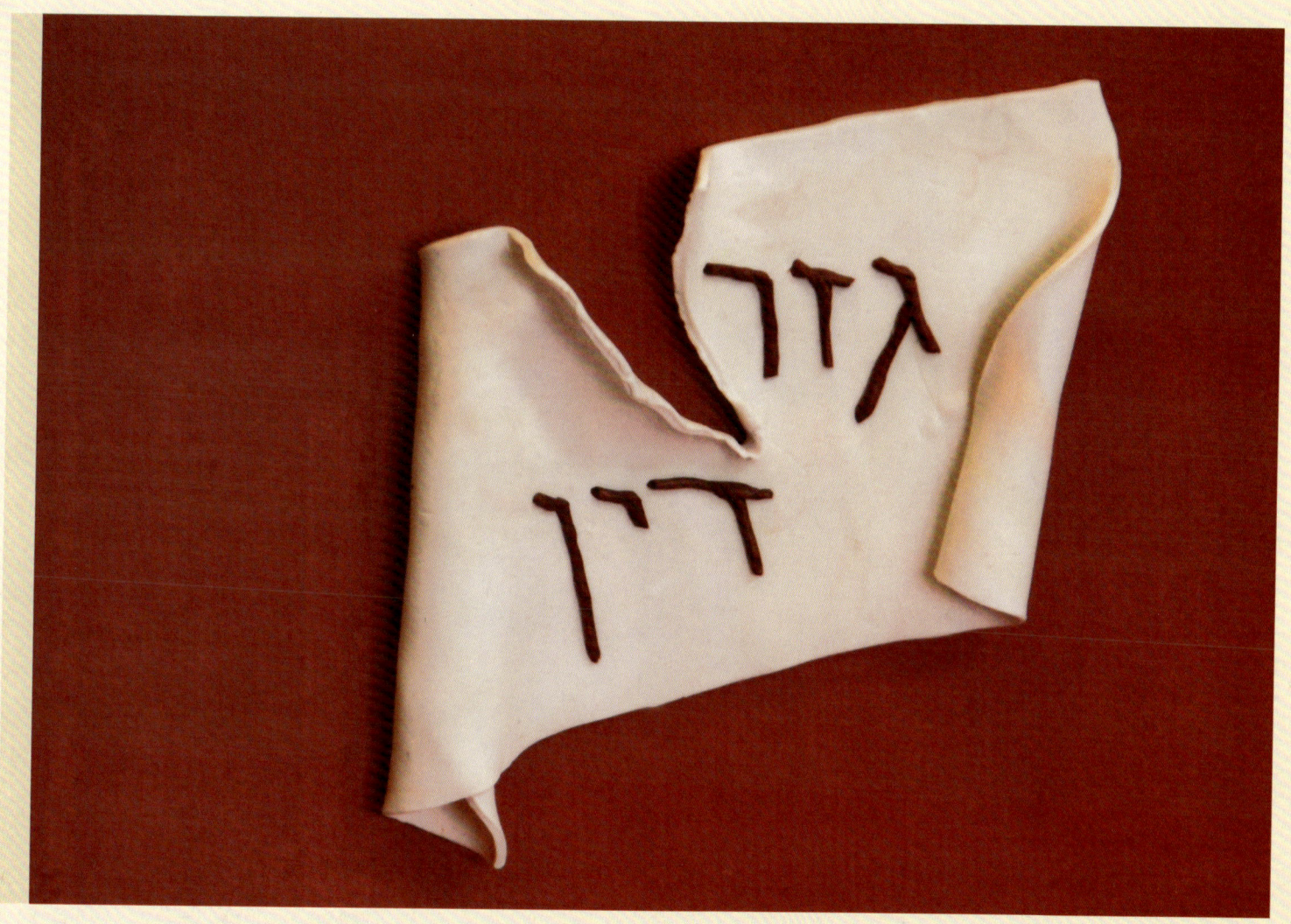

אָבִינוּ מַלְכֵּנוּ, מַלֵּא אֲסָמֵינוּ שָׂבָע.

Our Father, our King, fill our storehouses with plenty.

אָבִינוּ מַלְכֵּנוּ, חֲמוֹל עָלֵינוּ וְעַל עוֹלָלֵנוּ וְטַפֵּנוּ.

אָבִינוּ מַלְכֵּנוּ, חָנֵּנוּ וַעֲנֵנוּ, כִּי אֵין בָּנוּ מַעֲשִׂים,
עֲשֵׂה עִמָּנוּ צְדָקָה וָחֶסֶד וְהוֹשִׁיעֵנוּ.

Our Father, our King, have compassion on us,
on our children and our infants.

Our Father, our King, be gracious to us and answer us,
though we have no merits;
deal charitably and kindly with us and save us.

תפילת מוסף

וּנְתַנֶּה תֹּקֶף קְדֻשַּׁת הַיּוֹם, כִּי הוּא נוֹרָא וְאָיוֹם:
וּבוֹ תִנָּשֵׂא מַלְכוּתֶךָ, וְיִכּוֹן בְּחֶסֶד כִּסְאֶךָ, וְתֵשֵׁב עָלָיו
בֶּאֱמֶת. אֱמֶת כִּי אַתָּה הוּא דַיָּן וּמוֹכִיחַ, וְיוֹדֵעַ וָעֵד,
וְכוֹתֵב וְחוֹתֵם, וְסוֹפֵר וּמוֹנֶה, וְתִזְכּוֹר כָּל הַנִּשְׁכָּחוֹת.

וְתִפְתַּח אֶת סֵפֶר הַזִּכְרוֹנוֹת,

וּמֵאֵלָיו יִקָּרֵא, וְחוֹתַם יַד כָּל אָדָם בּוֹ.

Additional Holiday Prayer

Let us tell how utterly holy this day is and how awe-inspiring.

It is the day when Your dominion shall be exalted,

Your throne shall be established on mercy, and You shall occupy it in truth.

It is true that You are judge and arbiter, discerner and witness,

inscribing and recording all forgotten things.

You open the book of records

and it reads itself; every man's signature is contained in it.

וּבְשׁוֹפָר גָּדוֹל יִתָּקַע, וְקוֹל דְּמָמָה דַקָּה יִשָּׁמַע:
וּמַלְאָכִים יֵחָפֵזוּן, וְחִיל וּרְעָדָה יֹאחֵזוּן, וְיֹאמְרוּ הִנֵּה
יוֹם הַדִּין, לִפְקוֹד עַל צְבָא מָרוֹם בַּדִּין, כִּי לֹא יִזְכּוּ
בְעֵינֶיךָ בַּדִּין. וְכָל בָּאֵי עוֹלָם יַעַבְרוּן לְפָנֶיךָ כִּבְנֵי מָרוֹן.

The great shofar is sounded; a gentle whisper is heard;
the angels, quaking with fear, declare: "The day of judgment is here
to bring the hosts of heaven to justice!"
Indeed, even they are not guiltless in Your sight.
All mankind passes before You like a flock of sheep.

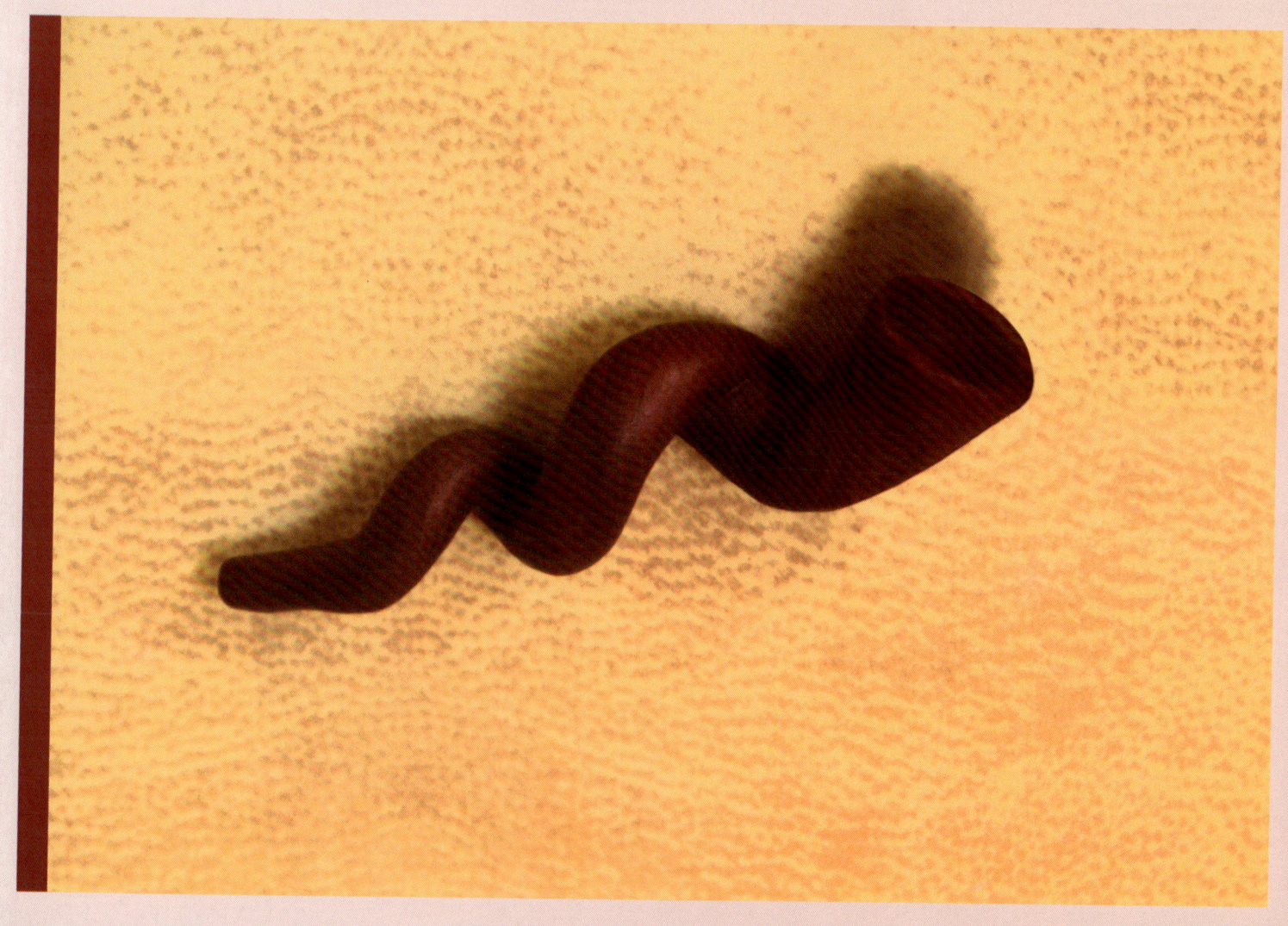

כְּבַקָּרַת רוֹעֶה עֶדְרוֹ,
מַעֲבִיר צֹאנוֹ תַּחַת שִׁבְטוֹ,

כֵּן תַּעֲבִיר וְתִסְפּוֹר וְתִמְנֶה, וְתִפְקוֹד נֶפֶשׁ כָּל חַי,
וְתַחְתּוֹךְ קִצְבָה לְכָל בְּרִיּוֹתֶיךָ,
וְתִכְתּוֹב אֶת גְּזַר דִּינָם.

As a shepherd seeks out his flock,
making his sheep pass under his rod,

so do You make all the living souls pass before You;
You count and number Your creatures,
fixing their lifetime and inscribing their destiny.

וּתְשׁוּבָה וּתְפִלָּה וּצְדָקָה
מַעֲבִירִין אֶת רֹעַ הַגְּזֵרָה.

But **repentance**, prayer and charity
annul the severity of the decree.

סליחה...

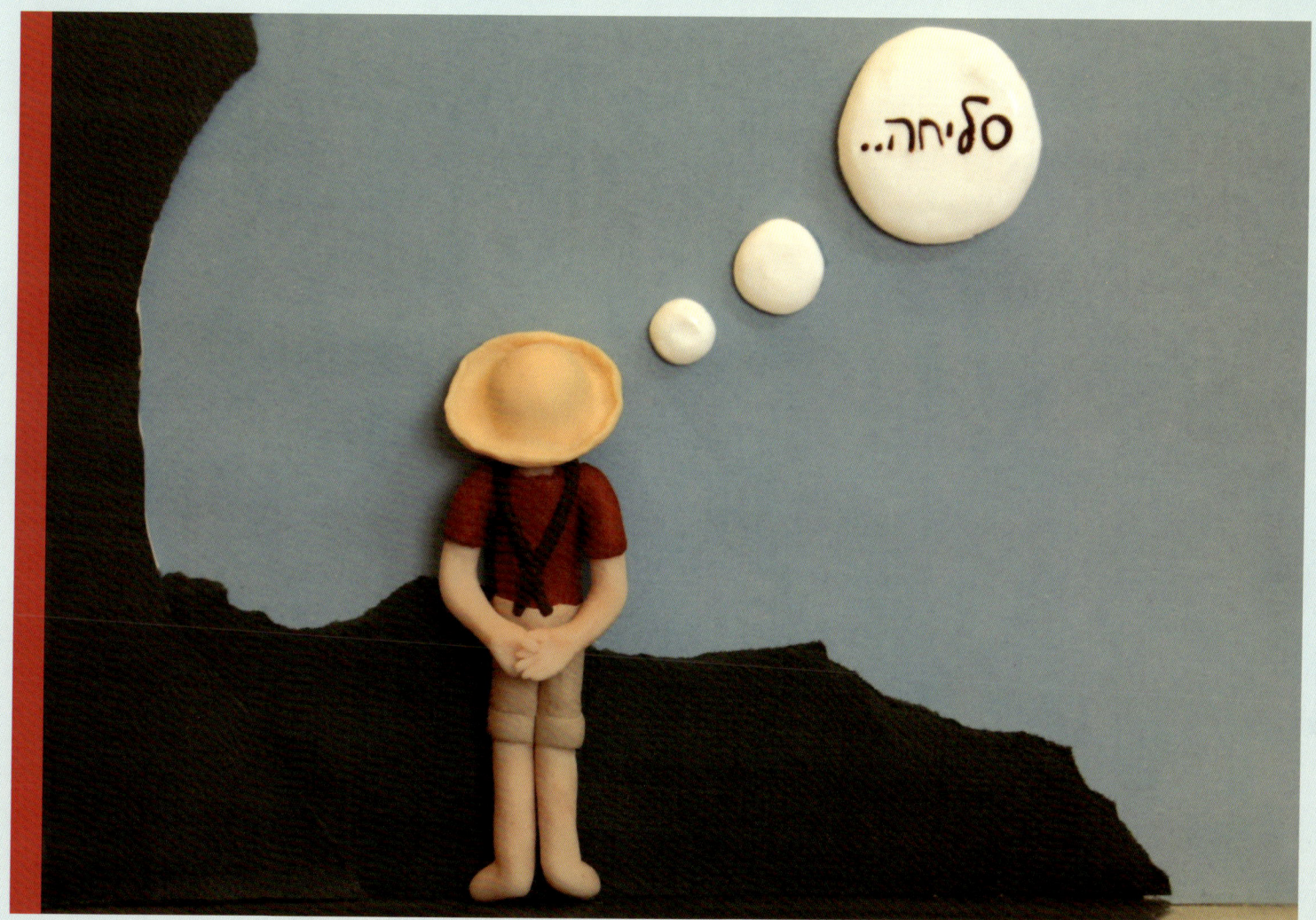

וּתְשׁוּבָה וּתְפִלָּה וּצְדָקָה
מַעֲבִירִין אֶת רֹעַ הַגְּזֵרָה.

But repentance, **prayer** and charity
annul the severity of the decree.

וּתְשׁוּבָה וּתְפִלָּה וּצְדָקָה
מַעֲבִירִין אֶת רֹעַ הַגְּזֵרָה.

But repentance, prayer and charity
annul the severity of the decree.

מָשׁוּל כְּחֶרֶס הַנִּשְׁבָּר,
כְּחָצִיר יָבֵשׁ
וּכְצִיץ נוֹבֵל, כְּצֵל עוֹבֵר, וּכְעָנָן כָּלֶה,
וּכְרוּחַ נוֹשָׁבֶת, וּכְאָבָק פּוֹרֵחַ,
וְכַחֲלוֹם יָעוּף.

He is like a broken clay pot,

withered grass

a flower that fades, a shadow that passes, a cloud that vanishes,

a breeze that blows, dust that floats

and a dream that flies away.

חֹק בְּרִית קֶשֶׁת לְמַעֲנוֹ כָּרַתָּ,
וּבְאַהֲבַת נִיחוֹחוֹ בָּנָיו בֵּרַכְתָּ.

For his sake You made the **covenant of the rainbow** as a statute,
and in Your loving regard of his savory offering, You blessed his children.

נָתַתָּ לּוֹ שְׁנֵים עָשָׂר שְׁבָטִים
אֲהוּבֵי עֶלְיוֹן עֲמוּסִים מִבֶּטֶן נִקְרָאוּ.

You gave him **twelve tribes,**
beloved of the exalted G-d; they were called "loved ones" from their very birth.

צִיץ וּמְעִיל, חֹשֶׁן וְאֵפוֹד,
כֻּתֹנֶת וּמִכְנְסֵי בַד,
מִצְנֶפֶת וְאַבְנֵט.

נָתְנוּ לוֹ בִּגְדֵי זָהָב וְלָבַשׁ,
וְקִדַּשׁ יָדָיו וְרַגְלָיו מִקִּיתוֹן שֶׁל זָהָב.

A forehead-plate, a robe, a breastplate, an ephod,
a tunic, linen breeches,
a turban and a sash.

He was then given the golden vestments which he put on;
he sanctified his hands and feet
from a golden pitcher.

זֵרֵז עַצְמוֹ וְנִכְנַס לְקֹדֶשׁ הַקֳּדָשִׁים עַד שֶׁמַּגִּיעַ לָאָרוֹן,
וְהִנִּיחַ הַמַּחְתָּה בֵּין בַּדֵּי הָאָרוֹן.

חָפַן כָּל הַקְּטֹרֶת שֶׁבְּכַף בְּחָפְנָיו, וְצָבַר עַל הַגֶּחָלִים לְצַד מַעֲרָב,
וּמַמְתִּין שָׁם עַד שֶׁנִּתְמַלֵּא הַבַּיִת כֻּלּוֹ עָשָׁן.

Arousing within himself feelings of reverence, he entered the
Holy of Holies, and when he reached the Ark, he set down
the fire-pan between the staves of the Ark.

He transferred all the incense from the ladle into his hands,
put it on the glowing coals to the west side
and waited there until the Holy of Holies became filled with smoke.

מִהַר וְנָטַל דַּם הַפָּר מִן הַכַּן שֶׁהִנִּיחַ עָלָיו,

וְטוֹבֵל אֶצְבָּעוֹ...
וְהִזָּה מִמֶּנּוּ עַל הַפָּרֹכֶת...

וְכַךְ הָיָה מוֹנֶה: אַחַת!
אַחַת וְאַחַת, אַחַת וּשְׁתַּיִם, אַחַת וְשָׁלֹשׁ, אַחַת
וְאַרְבַּע, אַחַת וְחָמֵשׁ, אַחַת וָשֵׁשׁ, אַחַת וָשֶׁבַע!

He hastened and took the blood of the bullock from the stand whereon he had placed it,

dipped his finger in the blood...
and sprinkled from it upon the curtain...

And thus he would count: One!
One and one; one and two; one and three;
one and four; one and five; one and six; one and seven!

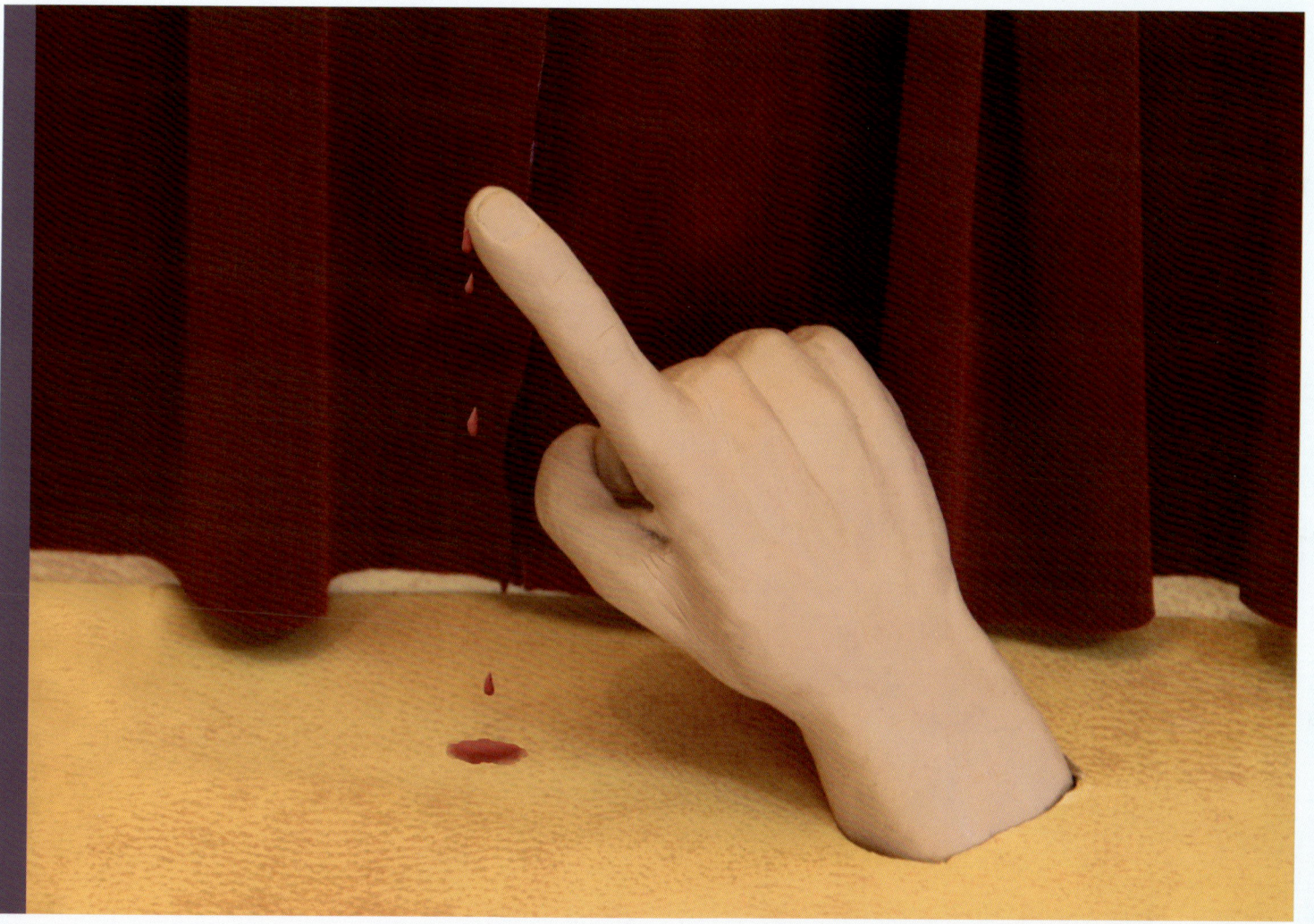

וְהַכֹּהֲנִים וְהָעָם הָעוֹמְדִים בָּעֲזָרָה,
כְּשֶׁהָיוּ שׁוֹמְעִים אֶת הַשֵּׁם
הַנִּכְבָּד וְהַנּוֹרָא,
מְפֹרָשׁ יוֹצֵא מִפִּי כֹהֵן גָּדוֹל
בִּקְדֻשָּׁה וּבְטָהֳרָה,

הָיוּ כּוֹרְעִים וּמִשְׁתַּחֲוִים
וְנוֹפְלִים עַל פְּנֵיהֶם, וְאוֹמְרִים:

בָּרוּךְ שֵׁם כְּבוֹד מַלְכוּתוֹ לְעוֹלָם וָעֶד.

When the priests and the people standing in the Temple court

heard God's glorious and revered Name

clearly expressed by the high priest

with holiness and purity,

they fell on their knees, prostrated themselves and worshiped;
they fell upon their faces and responded:

Blessed be the name of His glorious majesty forever and ever.

...וּפָשַׁט בִּגְדֵי זָהָב. הֵבִיאוּ לוֹ בִּגְדֵי עַצְמוֹ
וְלָבַשׁ, וּמְלַוִּין אוֹתוֹ עַד בֵּיתוֹ.
וְיוֹם טוֹב הָיָה עוֹשֶׂה בְּצֵאתוֹ בְּשָׁלוֹם מִן הַקֹּדֶשׁ.

…and he took off the golden vestments. His own garments were brought to him and he put them on; and they accompanied him to his house.

He would celebrate a festive day for his coming out from the Holy of Holies in peace.

וּבְכֵן מַה נֶּהְדָּר הָיָה כֹּהֵן גָּדוֹל בְּצֵאתוֹ בְּשָׁלוֹם מִן הַקֹּדֶשׁ.

כְּאֹהֶל הַנִּמְתָּח בְּדָרֵי מַעְלָה, מַרְאֵה כֹהֵן.

כִּבְרָקִים הַיּוֹצְאִים מִזִּיו הַחַיּוֹת, מַרְאֵה כֹהֵן.

כִּגְדֵל גְּדִילִים בְּאַרְבַּע קְצָווֹת, מַרְאֵה כֹהֵן.

כִּדְמוּת הַקֶּשֶׁת בְּתוֹךְ הֶעָנָן, מַרְאֵה כֹהֵן.

כְּהוֹד אֲשֶׁר הִלְבִּישׁ צוּר לִיצוּרִים, מַרְאֵה כֹהֵן.

כְּוֶרֶד הַנָּתוּן בְּתוֹךְ גִּנַּת חֶמֶד, מַרְאֵה כֹהֵן.

How glorious indeed was the high priest when he safely left the holy of holies!

Like the clearest canopy of heaven   was the countenance of the priest.

Like lightning flashing from benign angels   was the countenance of the priest.

Like the purest blue of the four fringes   was the countenance of the priest.

Like the wondrous rainbow of the bright cloud   was the countenance of the priest.

Like the splendor G-d gave the first creatures   was the countenance of the priest.

Like the rose in a beautiful garden was the countenance of the priest.

תפילת מנחה

הַלְבֵּן חֲטָאֵינוּ כַּשֶּׁלֶג וְכַצֶּמֶר

כְּמָה שֶׁכָּתוּב: לְכוּ נָא וְנִוָּכְחָה, יֹאמַר יְיָ

אִם יִהְיוּ חֲטָאֵיכֶם כַּשָּׁנִים, כַּשֶּׁלֶג יַלְבִּינוּ

אִם יַאְדִּימוּ כַתּוֹלָע, כַּצֶּמֶר יִהְיוּ.

Afternoon Prayer

Make our sins white as snow and wool,

as it is written: Come now, let us reason together—says the Lord—

even if your sins will be as scarlet,
they will become white as snow;

even if they will be red as crimson, they will become [white] as wool.

חטאים

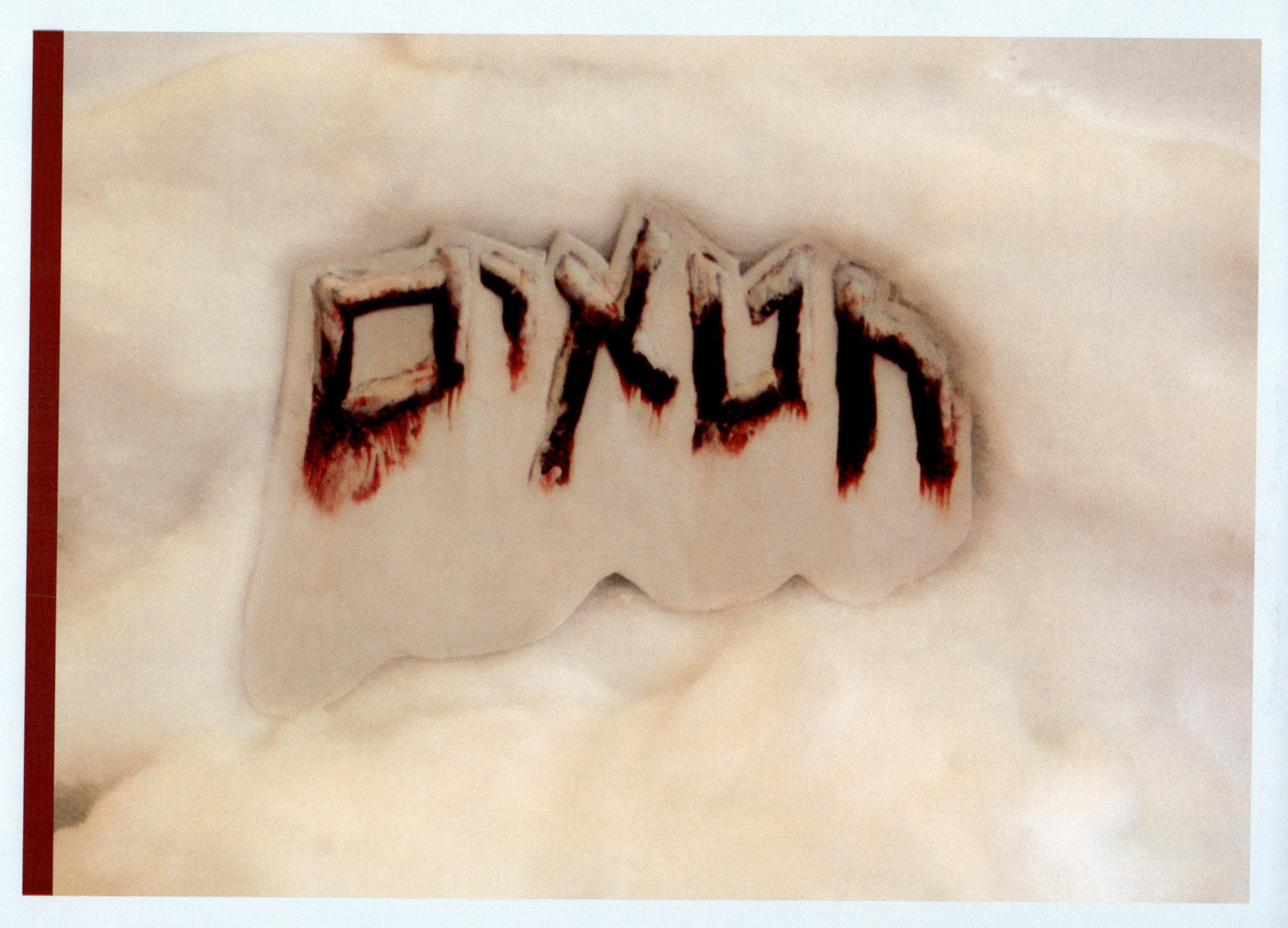

תפילת נעילה

פְּתַח לָנוּ שַׁעַר, בְּעֵת נְעִילַת שַׁעַר,
כִּי פָנָה יוֹם.

הַיּוֹם יִפְנֶה, הַשֶּׁמֶשׁ יָבֹא וְיִפְנֶה,
נָבוֹאָה שְׁעָרֶיךָ.

Ne'ila (Concluding) Prayer

Open for us the gate of prayer,
even at the closing of the gate,
even now that the day has declined.

When the day declines into sunset,
let us enter into Your gates.

אֵל מֶלֶךְ...

אֵל הוֹרֵיתָ לָנוּ לוֹמַר שְׁלֹשׁ עֶשְׂרֵה.
וּזְכֹר לָנוּ הַיּוֹם בְּרִית שְׁלֹשׁ עֶשְׂרֵה.
כְּמוֹ שֶׁהוֹדַעְתָּ לֶעָנָו מִקֶּדֶם...
וַיַּעֲבוֹר יְיָ עַל פָּנָיו וַיִּקְרָא:

Almighty King...

O G-d, who instructed us to recite the thirteen divine qualities,
remember, in our favor, the covenant of the thirteen qualities,
as You revealed them to gentle Moses...
Then the Lord passed by before him, and proclaimed:

יְיָ, יְיָ, אֵל רַחוּם וְחַנּוּן
אֶרֶךְ אַפַּיִם וְרַב-חֶסֶד וֶאֱמֶת.
נֹצֵר-חֶסֶד לָאֲלָפִים
נֹשֵׂא-עָוֹן וָפֶשַׁע וְחַטָּאָה וְנַקֵּה.

Hashem, Hashem, G-d,
Compassionate and Gracious,
Slow to anger and Abundant in Kindness and Truth.
Preserver of kindness for thousands of generations,
Forgiver of iniquity, willful sin, and error,
and Who cleanses.

וַחֲתֹם לְחַיִּים טוֹבִים כָּל בְּנֵי בְרִיתֶךָ.

בְּסֵפֶר חַיִּים, בְּרָכָה וְשָׁלוֹם, וּפַרְנָסָה טוֹבָה נִזָּכֵר וְנֵחָתֵם לְפָנֶיךָ, אֲנַחְנוּ וְכָל עַמְּךָ בֵּית יִשְׂרָאֵל, לְחַיִּים טוֹבִים וּלְשָׁלוֹם.

And seal all Your people of the covenant for a happy life.

May we and all Israel Your people be remembered and sealed before You **in the book of life** and blessing, peace and prosperity, for a happy life and for peace.

שְׁמַע יִשְׂרָאֵל, יְיָ אֱלֹהֵינוּ, יְיָ אֶחָד:

שלש פעמים:
בָּרוּךְ שֵׁם כְּבוֹד מַלְכוּתוֹ לְעוֹלָם וָעֶד:

שבע פעמים:
יְיָ הוּא הָאֱלֹהִים:

Hear, O Israel, the Lord is our God, the Lord is One.

Three times:

Blessed be the name of his glorious majesty forever and ever.

Seven times:

The Lord is God!

ותוקעין בשופר

לַשָּׁנָה הַבָּאָה בִּירוּשָׁלָיִם!

The *shofar* is sounded once.

Next year in Jerusalem!

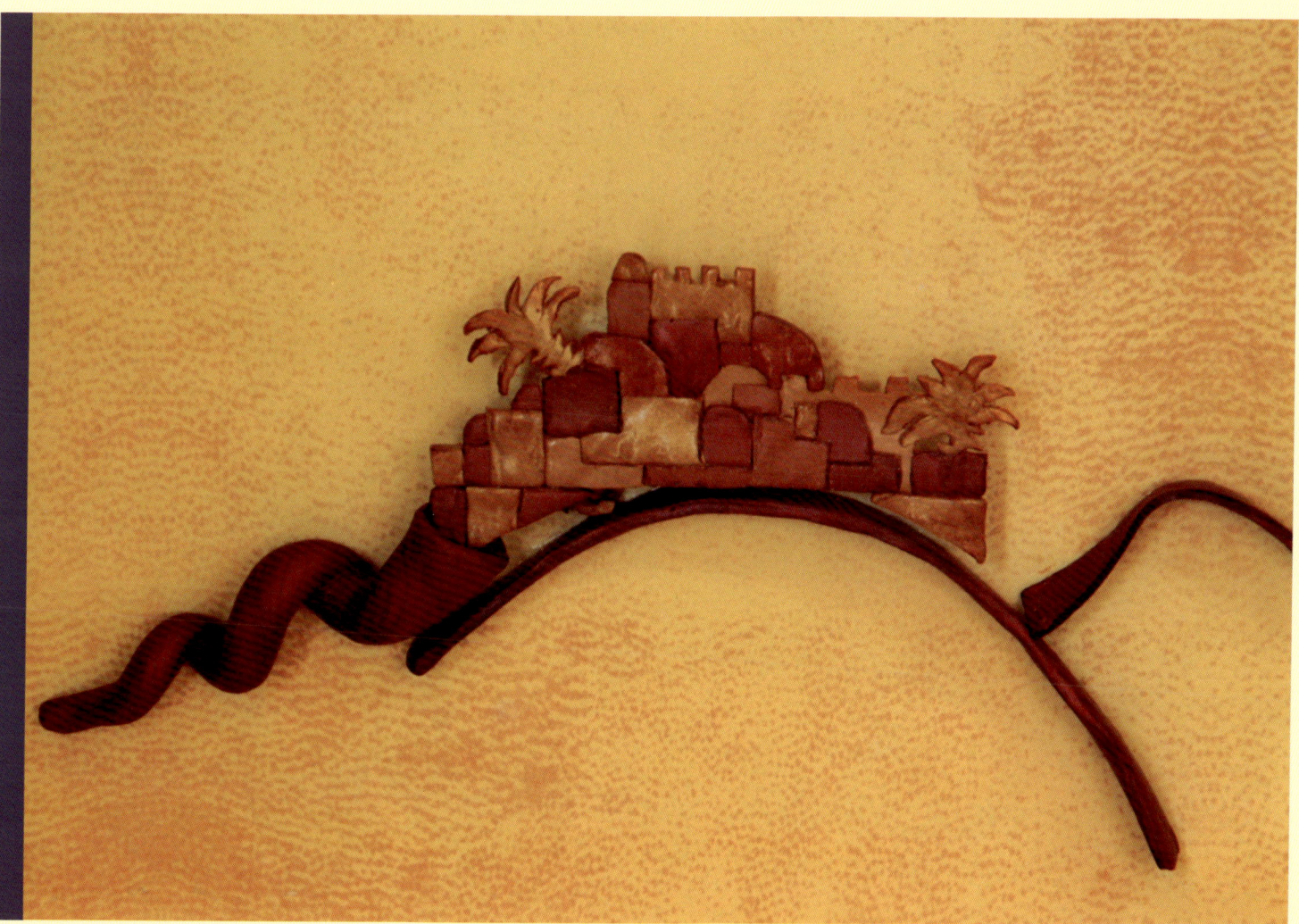